TALVEZ UM INSTRUMENTO
O QUE SE HOUVE AO FUNDO

GUTO LEITE

TALVEZ
UM
INSTRUMENTO
O
QUE
SE
HOUVE
AO
FUNDO

© Moinhos, 2017.
© Guto Leite, 2017.

Edição:
Camila Araujo & Nathan Matos

Assistente Editorial:
Sérgio Ricardo

Revisão:
LiteraturaBr Editorial

Diagramação e Projeto Gráfico:
LiteraturaBr Editorial

Capa:
Humberto Nunes

1ª edição, Belo Horizonte, 2017.

Nesta edição, respeitou-se o novo Acordo Ortográfico da Língua Portuguesa.

L533t
Leite, Guto | Talvez um instrumento o que se houve ao fundo

ISBN 978-85-92579-55-5
CDD 869.91
Índices para catálogo sistemático
1. Poesia 2. Poesia Brasileira I. Título

Belo Horizonte:
Editora Moinhos
2017 | p. 118 ; 21 cm

Todos os direitos desta edição reservados à
Editora Moinhos
Rua Gustavo Ladeira, n. 11, 506/01
Paquetá — Belo Horizonte
Minas Gerais — CEP 31330 572
editoramoinhos.com.br
contato@editoramoinhos.com.br

Apresentação

Ajeite-se o leitor (ouvido, olhos e coração) antes de entrar neste pequeno universo de energias tensionadas que é *talvez um instrumento o que se houve ao fundo*. Espécie de espelho contemporâneo do sistema dantesco da *Commedia*, este livro de Guto Leite também exibe uma tabuleta, um alerta para que aqueles que o percorrem. Que não percam a negatividade ao olhar para cada peça desse mundo que se abre aos olhos: "se teu verso não causa/ náusea ou suicídio/ é propaganda". A negatividade, feita sintoma e ação, aqui é um valor de conhecimento, ao passo que também é o grande lastro estético desta poesia.

Nada tem descanso, nada tem conforto, nada consola, embora nós, os "satisfeitos de si", encontremos um certo gozo no desespero provocado pelos versos de Guto Leite, que jamais são propaganda. Desde a primeira seção do livro, o equivalente do "Inferno" dantesco, já estamos frente a frente com um jorro poético que nos leva por um percurso no íntimo da voz que fala. Vamos às suas heranças literárias, vamos aos vínculos de família, vamos ao núcleo político do seu lugar de voz. Estamos diante de algo que morreu (a poesia?), mas não sabemos se o morto é fantasma, ou cadáver, ou zumbi. Alguém (do além?) nos fala, nos convence da vertigem da viagem e põe a nu o lugar necessariamente incômodo da arte no mundo-mercado--contemporâneo; tudo isso através de uma prosa poética que é fruto do tensionamento entre os ritmos próprios da narrativa e aqueles especificamente líricos. Uma história frustrada, já terminada, se choca com a ânsia de construção: tudo é dado ao leitor já assustado na sobrecarga do fluxo poético às vezes sufocante. Toda esperança se perde; e, ao mesmo tempo, se renova, exatamente porque a forma não pacifica. O purgatório de Guto Leite ganha contornos epigramáticos. Abre-se então espaço para algo que estava vibrando em surdina na primeira parte do livro: o humor. Posto em função de crítica, o riso agudo e nada comportado dos pequenos epigramas ouvidos e recolhidos à boca pequena (na cidade?, no jornal? na sala de estar? nas redes sociais?) revelam pelo avesso o drama interno que acompanhamos na enchente verbal do primeiro momento. Aqui é o ouvido atento que é capaz de diagnosticar a sociedade e de apresentar a dor da vida para além dos pacotes midiáticos que nos fazem engolir diuturnamente os donos do poder e da cultura. A poesia aqui, então, é um grande processador de dramas, que os põe a nu e em escala mínima, cujo tempero de humor faz tudo ganhar força de choque, na boa lembrança do que Benjamim assinalava acerca de Baudelaire.

A última parte do livro, o seu "paraíso", brinda o leitor com uma irretocável elegância lírica. Mas, se se permite dizer, a elegância jamais é trabalhada como algo externo ao fantasma ou ao cadáver que é a poesia na vida do alto capitalismo. A elegância poética é mesmo, neste caso, uma outra face do colapso (ou tragédia) em que se mete arte nesta etapa do mundo. Ressaltam neste contexto a rigorosa composição de ritmos, sonoridades, métricas, sempre em relação a uma dicção antes de qualquer coisa crítica. A perquirição central deste terceiro conjunto de poemas é, salvo engano, sobre o valor. Quanto valem as coisas, quanto valem as penas, quanto valem os poemas? Questões estas que jamais perdem a sintonia com o lugar político da fala poética; um conteúdo, aliás, estruturante da forma buscada por Guto Leite, como vemos no quarteto de um dos poemas a Buenos Aires: "quando de fato não somos/ más do que empleados/ a brigar pela gerência/ deste estacionamento". Concretismo, parnasianismo, cabralismo e outros "ismos" são mobilizados como estigmas compositivos de um olhar desconfiado para a tradição, o que resulta num modo de compor que só faz sentido se for capaz de expor a chaga aberta da sociedade atual. Dessa poética arisca, nervosa, quase a um passo do selvagem, vira emblema um "Brinde": "dequantascrianças/ t i r a m o s a vida/ pra ter p o e s i a/ com física quântica".

Este é o instrumento dantesco que toca ao fundo, um que já se houve, mas permanece, nem que seja como simulacro. Estamos avisados de que é força deixar a esperança de parte; mas também estamos avisados de que, embora não haja redenção à vista, nossa comédia humana, ainda é revolvida pelas vísceras com a melhor poesia que vem dos versos de Guto Leite.

por **Alexandre Pilati**

A QUEDA

tal mi fece la bestia sanza pace,
che, venendomi'ncontro, a poco a poco
mi ripigneva là dove 'l sol tace

da primeira vez que morri foi uma
espécie de susto puxei o ar inutil
mente ar não era o problema e caí
como do sono no horror macio da c
ama da segunda de súbito uma dor
aguda rasgou-me do peito para cá f
ora farpa extensa e pontuda quede
i esquecido feito estopa velha da
terceira descobri tarde que estava
morrendo uma centena de células po
r vez apodreciam no tronco jeito
que deus inventou pra matar a clas
se média não há o que fazer lembro
de ouvir antes da vertigem e entre
o que fora e o que era formou-se
uma ponte fina de ataduras soros
analgésicos choros de familiares d
a quarta intervi magroexasperado m
e leve logo cortemos o papo derr
ame sua foice do modo que for cond
uza-me rápido para o outro lado do
rio retire-me já dos demais viv
entes a morte premente que é o a
caso enlutado cansou-se de mim e
em uma voz de mil séculos bradou

quero que saibas que de agora em
diante estás morto assim te deixo
em definitivo muitos dirão que não
que estás vivo mas é melhor pra ti
que não te enganes não pousarão em
ti os passarinhos não lamberão t
eus dedos os cães mulher nenhuma
terá prazer contigo te evitarão se
possível nos bancos de ônibus pior
do que estar vivo que estar morto
é isto sobre teus sentidos decan
tarão os anos e quando começares a
te iludir sobre talvez compre
ender os franzinos motivos quando
este equívoco te propiciar um ar
remedo de signo irás sumir desde
aquilo caminho com essa comodidad
e de estar morto pro mundo que não
chega a mim de estar vivo pra mim
mesmo alheio ao mundo desde aquilo
caminho com essa condição de s
eguir sabendo que acabou tudo de f
alar sentindo que minha voz secou
de amar represado nesta pele podre
de beijar macilento a boca do amor

das vezes que me perco comovido e
só penso que outros também vão mor
tos como eu mas como perguntar a
alguém tu tá morto como desvendar
um pacto que não seu como dest
rinxar os íntimos contratos feit
os pó para ser como tocar a pele
para ver se esfria mergulhar nos
olhos gélidas baías e perguntar
pelos sonhos pegadas sutis da vida
tímido ainda brasileiro errante
corro até mesmo da suspeita da m
orte por isso não me veem em en
forcamentos por isso não estou em
decapitações as mortes na fog
ueira também as evito câmeras de
gás injeções letais cadeiras elét
ricas esfolar-ladrão não é bem o
incômodo de esvair-se o vivo veja
nisso me letrei e sou como os franc
eses que estampam cabeças de muçul
manos em selos comemorativos mas
saber do engano de que se morre u
ma vez de que é definitivo ouça o
que digo se é que o digo bem

óbitos replicados de um só ser
lagos paralelos cujas imagens id
enticamente menores se perdem no
fundo ecos que soam desaparecer m
as estão apenas mais baixos baixís
simos quando alargamos o tempo os
ouvimos soar congelados vastos im
ensos pelo meticuloso cuidado volt
emos perdão a falar de mim nós quem
disse que será a primeira vez qu
ando você morrer que eu morri essa
verdade abafada em cada mísero
gesto essa força motriz que nos
leva em silêncio a mão que acena
velada sob o manto o pano dos n
oivos de antigos casamentos o que
somos sempre sem falar a respeito
escorados na esperança de no fim
da história sobrar simplesmente f
ora do foco da foice que façam
download de nossas almas que em
gelo aprisionem nossos frágeis cá
lcios que prendam de vez se houver
o que prenda que seja proibido nos
suicidarmos e se nada der certo

que sejamos arrasados todos numa f
ascinante e plástica hecatombe mor
rer todo mundo explodirem tudo es
se é o mínimo que queremos quando
for para ser daí é que estamos com
medo da morte que nem morte é e
sendo são muitas temendo o veló
rio muito antes carpido protegendo
de quê nossos entes queridos adia
ndo-nos enquanto for possível se
cai uma árvore lá dentro da mata n
ós alamentamos se uma doce barata
se exaure em culpa nós a enter
ramos choramos a brevidade dos per
nilongos mas o que nos faz mais me
lhor do que eles que feito nos dis
tingue da animália anônima talvez
machado mereça um enterro mas quan
tos outros amados rosas ramos car
los se não os somos estamos há tant
o tempo mortos enterrados putre
fatos póstumos nunca nascemos de
fato como quase todos não nasce
rão nos próximos milhares e mil
hares de anos aqui nos complicamos

se de ódio se abrevia uma outra
vida quem morreu primeiro assass
sin ou vítima se alguém apaga noss
as tíbias linhas ou antecipa o ins
tante que nos findaria o quanto s
eríamos ou deveríamos ser para que
chorem nossa morte de quanta pe
queneza se cerze nossa alminha de
gente pra diante do cosmos múltipl
infinito sentirmos a minhatuaquel
a vida a vida da criança morta de
fome pela notícia do outro lado do
globo a vida do combatente preso
em bombas aos fiéis da mesquita a
minúscula vida quase nem vida
tampouco é morte já anunciada mort
ícula quanto deve durar uma exist
ência pra que a chamemos vida a
batizemos na pia mais do que nada
é vida um fôlego só é vida ou só é
vida se tanto quanto a longeva
pinha tudo que respira tem ânsia
de vida é vida o que as legitima
uns são mais vivos mortos do que
outros devemos condenar sem qual

quer recurso ao sétimo círculo a
presidente prudente os homicidas e
prantear com quem fica as grandes
façanhas perdidas algo se esquiva
guinando de súbito por um outro tu
bo não seria de todo tolo fundar
sobre cada angústia firme cosm
ogonia a ciência provou disso
ninguém duvida os átomos jamais se
tocam verdadeiramente casais tím
idos numa lanchonete a solidez é
um modo de perceber o estado nada
é líquido ou gás ou plasma as dis
tâncias que nos moldam em sua flui
dez fantasma se te permites chegar
sou água depois ar carbonos tão
espaçados quanto mais próximos est
ás com tua régua tua lupa teus olh
inhos mirrados binóculos acoplados
de muito longe portanto os uni
versos são sólidos um pouco mais e
são muros com seu áspero concreto
cósmico mais um tanto são pontos d
o nada em mil recantos e no fim sã
o etéreos como toda coisa no tempo

assim também nós somos universal
mente morrer é ser sem energia ou
inteiro estar na lentidão fria das
pedras no espaço sem luz alguma
sem qualquer potência de agir não
é o fim evidente que não há fim
para as gentes nem princípio se
nos deitamos nus sobre outras nuas
pessoas aproximamos quentes coroas
estelares lançamos antimatérias p
iras cruas em armas palarvas av
essas fazemos vida na terra do ou
tro útero-tudo em algum sertão
veredas criar é amar ao máximo en
tão se vamos ao cerne tomando essa
trilha a vida é a explosão que não
encontra grandeza mesmo aquela que
finda precocemente toda vez alguns
dias do deus que não existe in
finita rompe veleidades primeiro
filho pré-natal impecável gabarita
no pré-parto natural poucas subs
tâncias foi ao colo ao berço apgar
sete seis cinco bem aquecido pro
banho em duas horas convulsa em

quarenta e oito está morto espalha
ndo seu micro corpo seu fiapo so
lar sua tragédia e terna de nove
meses e dois dias pela mãe que
passa a dizer estarindo pelo pai
que se atulhou de trabalho pela
médica que chora proibido e não
consegue mais fazer parto normal
por mim que me identifico fácil
com bebês e médicos por todos que
uma hora sabem e vazam coitadinho
ou então a outra e tão diversa vida
que persiste por quase um século
criando filhos raízes vizinhos
criando netos machos fêmeas que
não permite que a senhora trabalhe
sem pedir-lhe um documento de san
idade que não confia em pretos é
preto que com o passar do tempo
foi ficando velho ficando quieto
ficando bom distante do que era n
as pá lidas memórias sinônimo de
paz de acolhimento mudo lento par
a sempre morreu unânime como ex
emplo e era também um universo i

dêntico ao do cadaverzinho a vida
é grande pequena curta demais pra
ser pequena é tão irrelevante é
tudo o que temos vupt é o sopro
que se prolonga no rosto e nem est
amos cantando a consciência e o
tempo dois pássaros voando em ac
asalamento lassa coreografia entre
a nuvem e o vento boia de ferro se
movimentando na oscilação da maré
o presente esta conformidade aqui
estamos e além um voo que não se
estende à força de alguns nós a
mais as águas que se agitam e uma
fissura se abre e estou um pouco d
pois a consciência esse bicho di
fícil de amarrar no pé de hoje gru
nhe força rosna se puxa testa o
trinco e a corrente e se o dia for
quente solta-se e foge sem pistas
para ser recuperada tardes depois
num balneário há quem diga que ba
sta procurá-la no passado divirto-
me adivirto todo barro tem dois la
dos ambos secos talvez ainda este

ja úmido no centro mas é preciso
quebrar para chegar lá diminuir o
barro tornar a secá-lo menors a c
onsciência esse rasgo na natureza
do homem nosso órgão abstáctil
desvio inesperado essa doença a
origem e o fim de cada um dos
miseráveis atos que chamamos probl
emas me entenda por favor e sinta
no exato momento em que digo sou h
á todo um conjunto de traços regra
s penas escolho e sei o que é certo
e sei o que é bom sei o que é belo
imagino-me minto-me protejo aquele
s que amo pois que me amam ou quero
que me amem mais ambiciono revisto
tudo com que estou de gravidade in
vento o pecado o crime a glória
fabrico o agravo o indulto a li be
rdade ergo próximo um sem número
de pequenos truques de rápidas a
valiações de máscaras do desejo a
que apelidei de mundo real de
realidade de todo ou não me refiro
pois tomo por aquilo que é o que

existe sem que eu fique a me in
dagar todo o tempo por sua mater
ialidade por suas vísceras graças
ao deus do confortável quarto d
entro de minhas sólidas porta
lezas morais conheço o resto des
conhecendo o resto e aponto sovina
o vendedor da venda e chamo de
fraude o falso professor a quem
opera a república de traidor nome
io raivoso o que traz acesos olhos
chamo de tarado o velho insaciável
e àquele que compartilha de outras
crenças que não minhas reservo uma
lição piedosa e paciente quando
bom se mau desço-lhe os berros de
minhas religiões ciências e fá
bulas ponho-lhe os credos todos no
s pulmões e o vejo em desespero su
focar sem saber bem como lidar com
o ar com meu modo impetuoso de ser
beato santo conselheiro profeta
modo de quem está certo de quem
entende dos atos de quem abriga os
os infernos de se manter em busca

de algum nexo ora em vigília
estudar ler e tudo não ser toda
vez mais que dados demasiados para
se obter síntese coerente útil vá
lida lídima para não ser uma boba
gem ridícula contabilizando os mín
imos gestos as trivialidades per
enes desenvolver práticas institu
ições famílias prazerotes campos
de estudos de concentração saber
pouco sobre o ico tudo para não
aceitarmos de vez a evidência dess
a imensa prisão azul o
imperativo da fuga fugir nosso
horizonte secreto e permanente des
de os primeiros ratos de consciên
cia fugir nossa condição humana
força pulsar que range nas quinas
de nossa maquinaria fugir nossa
ambição fálica de seguir para cima
pinto foguete e para fora mais
fugir para não ver que onde estam
os depois que nos vamos e nunca no
s vamos apodrece corrói morre aqui
exponho o dilema salvo na exceção

do amor a existência viola tudo o
que poderia ser salvo podemos amar
em obras livros pele abnegação u
topias e isso é tudo o que importa
e pouco importa para o destino das
finas fileiras de átomos que arti
culam tudo nada é divino mas insi
gnificante as mil coisas que e
xistem dormem isentas à arte de
amar nada faz sentido se não o
conferimos e todo sentido que faz
nós é quem damos esta flor in
vertida sorvida rumo à imobilidade
do caule essa luz-balão entre
tecida por galos dura uma manhã e
a manhã são todas as manhãs tardes
e noites que houver até o fim e um
piscar de olhos de uma estrela anã
deus é uma organização qualquer é
dar rosto ao que se dispersa e en
xergá-lo na água como a ordem
necessária o invólucro para o des
espero até que morra conosco um
dia diante da esfimge perdi o tato
para as miudezas os nanopelos que

faziam esse trabalho queimei-os n
acos de contornos por detrás das
cenas quietas que se emolduram
pelos sentidos fracos atos espon
tâneos de amor como desligar o
fogo não os sei mais-sinto som
ente a parede d'água dos grandes
livros os pequenos murmuram fia
pinhos de vozes algaraviam canso-
me deles e lhes cuspo na capa
melhor dizer logo que estou mais
para trapaceiro do que pra erudito
mais para perspicaz do que pra a
gudo mais para espirituoso do que
pra engraçado mais para mágico do
que pra arquiteto assim nutrimos
um pelo outro um tipo de afeto o
chão da conversa até o resto alg
uma cumplicidade que não sintas no
ar a mesma falta a extinção da
minúcia que isso não te angusties
de andar por aí vertendo-te pelas
frestas sabes ao menos sentir pi
edade e escrever a lápis ao lado
de dois ou três versos que pena

que lástima fraco quase vamos às confidências saí de casa pela man hã e uma velha árvore dirigiu-me u m galho fino nu em folha espectro e teria fugido se pudesse eu esta va preso no concreto fin os jovens me abraçam por educação vão às min has aulas e riem como os pequenos mamíferos que são de minhas esquis itices meu amor evita me beijar demorado temos expectativas altas para o que seja a vida e mal repara mos flutuar nuvens sacos de carne um pouco acima do chão das coisas sem viver morrer realmente por is so acredito que eu possa dizer que agora morto é que estou vivo e pelo que tenho visto não sou o único bicho que rasteja sua carcaça que se arrasta extertora cabe-me e per gunto sou este monturo de gente que se restringe a ser não ser ir não ir calar responder comer amar dormir e ler ou era aquele capaz d e descobrir a alegria limite das perpendicularidades que precedem o céu abismo para cima & a ruína vão sob nossos pés se um dia a exuberância dos encontros fazia correr por meu corpo a rica química ansiolítica nunca pude dizer como faço agora enfim sou eu reconhecer-me é uma resposta que a pergunta mesma traz em suas frinchas um sonho difuso leio em sua coleira esperança este era um nome com o qual eu designaria cães de rua num de meus costumes aposentados que até os mais simpáticos diriam ser trágico atualmente esperança é um cachorro alegre de raça indefinida rápido de às vezes sumir de uma hora pra outra de gosto exigente difícil acertar sua comida tem orah que o alimento com o que me resta tem orah que compro na loja um pacote grande de ração o melhor que tem para esperança bota que fica seu carinho é menos gostoso do que sua mordida sinto-me tentado a dizer que deixei a porta aberta e fugiu-me esperança mas não é ver dade afoguei-a num pote raso de água forçando o focinho na lâmina e vendo subir as bolhinhas duas a duas esperança pode ser também a pessoa que mais amo no mundo posso ser eu sentindo no pelo os dedos d e quem mais amo no mundo sem faro algum para respostas opto por tent ar desfiar por dentro o tecido me nos para contar o que nos trouxe a este porto mais para ser por um momento todo insensibilidades amor tecido de mim frio vazio respirar me é grave descrente do que seja diviso cada instante cético de todo ser prospecto humanidades em quanto o fizer fica o convite de pois nos deixamos como toda lemb rança nunca retomada do mesmo pon to somos o livro e o homem rec íprocos um para o outro envel hecendo entre si irrecuperave lmente não coincidentes por uma segunda vez saudosos sempre do que foram um dia ou criando-se em co incidências falsas forçando as dei xas encenando o começo foi quando não pude deixar de imaginar ser tantos outros que me são e os sou o filho bastardo de um latifundiá rio recusando a herança e legando à prole a bênção do trabalho o gari mpeiro negro de arma à cinta no norte de minas porque tinham por costume jogar bombas dentro dos bu racos a senhora casada de boa famí lia que puta recebia com a filha mais velha homens em casa durante a guerra austera a dona de casa mo rta de um mês para o outro brigada com metade dos filhos a raiva dos filhos todos crentes o vendedor de canos suicida pingando ao poucos eventualmente me encontro neles em ditos causos fotografias anedotas espelhos de família traços tiques expressões furores fujo de mim n eles pelos mesmos furos nos mes

mos lugares sem silêncio dentro
acho que sou somos plural de sumo
ou melhor sou mil vezes por se
gundo luz assim no corpo e além as
amenidades pouco me comovem morreu
fulaninho que morra se foda nasceu
cicraninho que nasça caralho não é
assim com bicho gente planta quem
água deságua ah se foi fulaninho
que falta vai fazer a sua lite
ratura raia o mundo mais triste
tanta gente pra morrer à porra com
tudo isso dispenso apupóstumos qu
ando eu morrer ou nascer não sol
tarei fogos quando morreres nascer
es morri no dentista desvairado ch
amando o amigo zé ô zé pela casa d
a concórdia deslizando a chinela
de pano também nasci em meu filho
te de olhos abertos parando de
chorar assim que trocou o cordão
por minha mão e sim vou morrer com
ele quando destraçados literalm
ente gastarmos cada um dos meus
nossos anos tentando fugir à sina

negando nossas misérias nossa potê
ncia de bruxo que amaldiçoa pra f
rente pela serpente agora assumo-
me e dito isso como seguir tra
tando por fundamental tudo o que
adorna estudo erico verissimo tenh
o mestrado doutorado sou dono de
uma empresa de sites sou professor
de meninos sou coronel do exército
sou motorista da praça sou revisor
de revistas investidor na bolsa
músico de casamentos podólogo ama
dor sou carpinteiro mecânico co
nstruo casas exóticas sou ate
ndente no caixa sou garçom sou
michê nasço todas as vezes morro
todas as vezes dez vezes e uma por
vez e o breve tempo nos passa e lá
está quem sucede estudo erico ve
rissimo tenho mestrado doutorado
tenha santa paciência esgotado de
tudo isso resolvi fechar os olhos
e ver sofri no meu corpo dos outr
os golpes bruscos do tempo até
poder distinguir o centro da en

cruzilhada nossa numerosa manada sete bilhões e contando toda de bois de piranha toda de bois de piranha toda de bois de piranha não estou exagerando toda caminha pastando para ali ser devorada p elos peixes pelos donos mas nem um único modesto par de chifres ace ita que se lhe diga boi de pira nha é o que és ato contínuo se indigna eu não tenho família tenho trabalho deixo filhos bem criados deixo netos benfazejos estudo er ico verissimo enquanto outro da ju nta finaliz a monalisa confecciona a vacina contra a morte e a bexiga tec tecnologias bola o boi de pir anha que insulto sou autor desses famintos versinhos que passarão pa ssarinho fiz o programa que dim inui vinte segundos do processo de construção de um dauphine foi seu último dito antes de lhe tirarem os cascos para pesquisa então é isso que sou boi morto boi morto

boi morto imune às moscas ao gosto
do capim rente rentíssimo olhando
o córrego ruminando abrindo meias
persianas para ver o desvairado
progresso mijando sem erguer as pe
rnas mugindo naturalmente sou boi
os dois bois um e outro rango de
peixe ambos bois boi nenhum boi
fantasma boitatá boi bumbá sou
ecce como os outros me encaminho p
ro fim para a boiada passar boi
ada que já vem nunca vem sou aquele
precioso estraçalhado na beira
pela carne pelo couro dos outros
bois pela feira mas somos todos
tem bicho que divisou sua função
de despiste o sacrifício divino
medo morro abaixo chega de bois
importa é o que a metáfora esconde
a vida é supra e como viver range
à maioria das gentes seria melhor
não nascer para não sofrer a vida
nem imaginar para não sentir se
vazar medida de sangue e água por
artérias calhas não não esta é a

palavra que carrego e ora
compartilho sê tudo na flores
cência do amor e será nada entre
ga-te apaixonadamente sempre e
nada disso fará a menor diferença
sonha com todas as cores que pud
eres os mais lejos lugares e leves
ao túmulo os teus fantasmas aplica
tua inteligência cria objetos que
tornarão mais grata a vida dos h
omens para que se inflamem em um
bilhão de anos se tivermos azar o
suficiente nos multiplicando por t
anto num esforço supremo invista
em tua prole a genética os valores
mais nobres e torça para que a
história não a coloque na frente
de um bárbaro bancário que o ras
gue ao meio antes de ouvi-lo falar
de diderot e toda a civilização se
equilibra neste fio de arame que é
como se educam as pessoas no miúdo
nos afetos mais imediatos nós nos
equilibramos e finja acima de tudo
finja diariamente o mais escanc

arado otimismo e ame fabule sorria foda cante lute escreva poesia tal como se houvesse chance ou sobre uma confiável plataforma cínica de que basta atuar por sessenta setenta anos e assim vamos foi a isso que a morte me sentenciou naquela tarde amena de outono porto-alegrense quando me o brigou a restar entre vocês quando sibilou em meus martelos não se mate já que estamos em casa quem me dera se passar adiante o fardo me desse descanso me redimisse me acalantasse me fosse um canto uma missão uma catequese sem fé que fosse loucura e queimasse os rastros de razão que fosse para um dia ser solto e quase bem quisto que fosse um projeto pra caber na mesa e fora ser visto há na verdade um prazer imenso na maldade e não sendo possível desperdiçar prazeres neste mundo se quiserem me desculpem

VERSÍCULOS SÓRDIDOS

*dove l'umano spirito si purga
e di salire al ciel diventa degno*

se teu verso não causa
náusea ou suicídio
é propaganda

o infarto
da modelo plus size
ninguém achou bonito

uma negra católica
é de uma violência

para o futuro
somos bárbaros

as pessoas que se jogaram do
world trade center

ainda estão caindo

game
over

os nascidos até hoje
menos os vivos
morreram

quando é a tua esperança

era preta pobre trans
e a pior pessoa da classe de 92

não existe a beleza
não existem belezas

existem miragens
e o tempo

deus é apenas um tipo de vaidade

isso não é poesia
por isso é poesia

não há nos livros
de qualquer estante
prazer parecido
com suicidar-se

podemos até seguir debatendo
a revolução
mas o negócio é queimar a casa deles

a caverna
ao menos
era real

custo um tempo
pra saber se é rica
ou se é bonita

perdi minha verdade tropical
e não acho

a massa há de cheirar
o biscoito fino que eu fabrico

está vivo o coelho
no horizonte do mágico

hilux
branca
são francisco de assis
na lataria

que franceses e palestinos
ingleses e sudaneses
gregos e sírios
turcos e curdos
australianos e tchecos
americanos e hindus
russos e poloneses
congoleses e judeus
alemães e apaches
suíços e tibetanos
finlandeses e angolanos
italianos e armênios
argentinos e sauditas
bascos e canadenses
uruguaios e namíbios
espanhóis e caxemires
chineses e peruanos
chechenos e suecos
japoneses e macedônios
mexicanos e maltecos
indianos e etiópios
cubanos e chilenos
austríacos e bósnios
islandeses e tibetanos
búlgaros e bolivianos
timorenses e iraquianos
coreanos e portugueses
se fodam

ninguém se lembra mais

não gaste anestesia
com a negrinha

no mundo
uma pessoa se mata
a cada quarenta segundos

como se não bastasse
um universo

IMAGENS DO PARAÍSO

*la gloria di colui che tutto move
per l'universo penetra, e risplende
in una parte più e meno altrove*

para sempre

aqui nas
ce a era da vertigem
da queda estática
da íngreme planície
do ar
quitetado crime

aqui nas
ce o tempo
da fuligem espessa
transparente fir
me
feita para divertir
as lentes dos mais finos
óculos do querer

aqui nas
ce o astro refletido
dono dos livrosslogans
coquetéis
molotov contra todos
os partidos

aqui nas
ce o índio da tristeza
conhecedor da super
fície índice
por que festejam ondas reversas
feitas pela sombra
da sombra
da pedra

aqui nas
ce a colmeia com que
marx sonhou noites a frio
pesa
delos para onde seguimos
desde o grito

aqui nas
ce o infinito em
que tudo está certo
e todos podem vender se
u pró
digo produto

aqui nas
ce o futuro big
bang
túmulo de
todos os corpos
insepultos da memória
tudo sobretudo

aqui nas
ce e para sempre
o primeiro ato
de nossa lentíssima comédia
por muitos antevista
minu
ciosamente

aqui nas
cem somente
ninguém morre ou será morto
todos estamos vivos e bem
para sem
pre para
sempre

**poema tirado
de duas notícias de jornal**

no dia 25 de outubro de 1975
um próprio cinto
casado
pai de dois filhos
apresentou-se no paraíso
para esclarecimentos

no dia seguinte
constrangido
pelas relações que não tinha
com o partido
enforcou-se
nas grades da cela

para isso
usou o pescoço
cheio de roxos
de vladimir herzog

hoje o paraíso é tombado

segundo o condephaat
a construção
aspas
possui apelo estético
particular
e carrega uma difícil simbologia
política

fecha aspas

[série arvoreu]

    as árvores jamais têm tempo
    de imaginar deuses
    eternamente na fábrica
    — algas são árvores castigadas —
    acreditam somente n
    o que produz
    em seus galhos
    sempre pareceu es
    forço de
    mais crer
    numa força invisível
    por detrás dos brotos
    na maldade anhangá
    numa voz as
    soprando a chuva a
    vir ou não vir
    na única vez em que
    deus foi tema do foli
    chico
    das árvores
    — o castigo das algas é estúr
    dio —

    um arbusto
    resmungou para si
    deus é **coisa de bicho**

não importa saber como vim do macaco
mas como vim **da árvore**

os filhos damos ao vento
inda na casca primeira
dos ramos os contemplamos
encontrar a sementeira
em suas fibras nos vamos
broto dureza e seiva
cavalgamos sua sorte
à brisa que nos bafeja

os filhos somos ao vento
sua única consorte
neles estão nossos planos
de viver antes da morte
em sua forma voamos
entremeados de gozo
e nos chocamos ao húmus
rompendo por ora o ovo

os filhos fomos ao vento
haveres que evolavam
até caber neste tronco
paragem de excrementos
de pássaros e de insetos
de corações namorados
saudades de ser miúdo
mísero **vegetalzim**

até o mais seco
　　　dos gravetos
　　　　　　sabe

que nunca falamos no que é
　　　　preciso

senão em poesia
　　　lenho-desvio
senão em política
　　　os doidivanas
senão na história
　　　dos que se vão

　　　　sim
estamos presas

libido não dá em árvore

intransigentes talvez
em estética
raro envergamos
com o tempo
ventos bichos

pode parecer mais prático
mover-se que ser fixo
rumar que ficar
mas vi muitos audazes
acuados em gaveta de cepa

para o longe
aprendemos o pólen
e a velar com cores
as artimanhas do fruto

aprendemos a ser
nos outros

o que é bom

se por acaso asas alçam
íntimos voos de inveja
lembramos
há quantas eras
nossas raízes afundam
em terra
e mais terra

para só nós merecermos lugar
na paisagem

                                    feras
                              tica navalha
                          boca pelo cabelo
                      estômatas a
                  pleurila
              ca lhas e mais ca lhas
                  na
                      ia
                          para pesá-la fina

quebrando cozendo a fotoli-   atmos
                              xulas folhas
                          no micro mangue do verde
                      pela fuça das células
                  doutas
              falés s entre falés s
                  ia
                      ia
                          desta moral porosa

como plasma o que separa as gentes
                          résder como chuva
vácuo noturno   A   noturno como linha que encadeia
como não ser   R
                     V   como não ser
entre terra e espaço O
                     R
como entrou   E   como entrou golgi
                     U
matéria como terra   como larva da azul.

no factum ferroso da cadavé-   na força severina de suas minús-   cito
        rica matéria   culas patas   plasmia
    no trança pé de raízes   no esguelrar do corpo
        imescíveis   pelas fissuras da casca
            unhas   do tronco
        crân s sobre crân s   carbo contra carbo
            io   no
                io
        para um silícico coveiro   várias enfibraturas

viva o futebol

a folha
de pagamento
mensal
do barcelona
cobre
o salário
de todos os professores estaduais
do rs

a folha
nada seca
de pagamento
mensal
de um clube
de futebol
o barcelona
põe o leite o pão a carne os grãos
na mesa
das famílias
de todos
os professores
estaduais
do rs

um craque
do barcelona
digamos
o neymar
não
o messi
recebe
em sua conta
ao final
de dez anos de dribles chapéus passes e gols
o equivalente
à reforma
tão celebrada
do hospital
de clínicas
que atende
no mesmo
período
seis milhões
de gaúchos
metade
da população
do estado

a alegria
que um craque
do barcelona
dá
ao mundo
por dez anos
vale
nesse mesmo
intervalo
o bem cuidar
gratuito
da saúde
de seis
milhões
de gaúchos

cem
beira-rios
lotados
de doentes
em suas macas soros gazes curativos analgésicos
assistem
a magia
do barcelona
às quartas
e sábados
mesmo cara
a tv
a cabo

quando um craque do barcelona
parte
com a bola
dominada
de seu campo
e arrasa
a defesa
adversária
professores
pacientes
vibram
com a jogada
corre
por seu corpo
não a comida
que alimenta
não a partícula
que sara
mas a vida
a vida em si plena e oculta na
                              [habilidade com a bola
deus
rude
físico
voraz

quando
a redonda
estufa
a rede
do rival
do barcelona

a fome
a morte
a folha mensal do time as luvas
  [o bônus dos atacantes os direitos
  [de imagem o orçamento do estádio
ficam
para
mais
tarde e

viva o futebol

valerá a pena

valerá a pena
criarmos códigos
memórias juntos
filhos & ódios

se um dia os lábios
de um dos dois
forem fissurados
por ausências

valerá a pena
amarrar afetos
dividir espasmos
e concretos

se um dia a vida
de um dos dois
estiver submersa
de pretéritos

valerá a pena

valerá a pena
parear destinos
combinar tecidos
temperos & agendas

se um dia a tarde
para um dos dois
impuser seu corpo
vagarosimensa

valerá a pena
sobrepor os panos
suspender os planos
suspirar os sábados

se um dia imóvel
um dos dois
compulsoriamente
romper com o pacto

olhar de lado todos os amores
vê-los criados em corações azuis
depois arrastados em velhos como eu
que pouco acreditam no afeto longe do poder
quais segredos se guardam nesses acordos
quão ridículos os namorados a despertar primeiro
com mãos de mosquito para dizer
        não amo mais
os quilos de ferro do braço no ombro
os dedos de grilo
(mil quilos de ferro pesam mais
do que mil quilos de plumas)
o riso de propaganda
quando os corpos voltam a se tomar por estranhos
sem desejo suficiente para o tato
ouvir ainda de lado o estampido das solas
inúmeras solas por todo lugar
descendo escadas
           mais escadas
           sem um último degrau

enquanto
é tempo cortado

antes
é apertado

depois
é **tudo**

um dia
daqui a dois
ou três bilhões de anos
tua saia de pequenos sistemas estelares
orlará a matéria escura
para dentro do meu peito

toda a fortuna
que guardei
por tanto tempo
se desprenderá
do centro quente de minha alma
aleatoriamente
e quase poderei ouvir o universo
de gritos
de cada planeta habitado

dançaremos no abismo
do cosmos
como virgens em fogo
coseremos nossos limites
antes imprescindíveis
e as outras que virem
de fora
dirão
que morremos

indefinidas
no leito vasto
na confusão de nossas órbitas
pouco importarão novas
supernovas buracos
especialmente negros lascas
de estrelas decadentes
ameaças de caos

só restará o núcleo
ponto amorfo denso
o núcleo
tão rápido que não rápido
o núcleo
coberto pela face dos átomos
o núcleo

ali
ilesas à obrigação do nome galáxia
seremos pulso
difusas
vontades de trilhares
de quilômetros
mais e menos
que os antigos neurônios de deus
que fôramos

andrômeda

das sessenta e oito almas
que perséfone
a tartaruga marinha
trouxe à praia
daquela vez
só seis
resistiram
às misteriosas e subterrâneas
[**casualidades da areia**
conhecendo a água

a insânia é quem
f**&**z narciso
não ver um anfíbio
na lâmina da fonte

dos onze filhos de **dona dilma**
nem quatro morreram pela milícia

[série buenos aires]

I

de cima buenos aires
a mais formosa flanela
tal se os melhores retalhos
se juntassem para sê-la

toda brocada de luzes
de calles de telhados
torna rude perguntar-se
o que se faz más abajo

irracional e precisa
esparrama-se na terra
potra mulher mantilha
cobre com suas cerdas

esfriando-se na poeira
bueno a mais bela
cicatriz em nossa pele
porque nos somos e é ela

II

no falo de la república
soy alvo fácil a trambiques
disfarço o imperialismo
numa mochila de furos

hijos de presidentas
nada melhor para os gringos
nos odiarmos nas canchas
nos penetrarmos no câmbio

quando de fato não somos
más do que empleados
a brigar pela gerência
deste estacionamento

III

voy me embora a rivadavia
lá soy amigo de menem
lá tenho a guapa que quiero
na cama que me escolherem

vou-me embora a rivadavia
voy me embora a rivadavia
aqui não sou mais feliz
lá a vida é uma ternura
de tal modo inconsequente
que juan e isabelita
llegaron à presidência
também serei presidente
da nação que nunca tive

e farei muita ginástica
andarei de motoneta
pelo trânsito bravio
subirei no pau-de-charles
tomarei golfos de ar
quando passar o semáforo
deito na beira do rio
mando chamar atahualpa
para cantar anedotas

do tempo de nós meninos
niños à beira da rosa

em rivadavia tem tudo
é outra civilização
tem um passeio seguro
que impede a concepção
tem internet de graça
anabólicos à vontade
tem argentinas bonitas
para a gente namorar

na hora em que ficar triste
triste de não ter horas
quando o mesero trouxer
cuentas para ir-me embora
— lá soy amigo de menem —
terei a guapa que quero
na cama que me escolherem

voy agora a rivadavia

IV

se deus retornar ao mundo
montado nos seus cavalos
há de tomar o mate
guardado sob a cidade
vindo de alcantarillas
pelas mãos dos mais devotos
de culpa hervirá el río
e o pampa lhe será a cuia

V

a luz que incide enviesada
cria novas perspectivas
esclarece o raro mármore
cinco andares acima

põe a mover-se a milonga
nos lábios tartamundanos
do senhor que pesaroso
fia cabelos brancos

a luz que compartilhamos
com nenhum outro na américa
nos faz mais do que hermanos
em cidades descobertas

não só nos identifica
no barro abaixo do riso
no apuro de percorrermos
ruas à margem de rios

funda-nos esta mirada
distante característica
cai sobre nós como capa
e campa por toda a vida

vivo muitas vidas
adentro em mim
envelheço

feitoutros aliás
salvo os es
tupidamente completos

envelheço mais
das vidas
que não vivo

exercícios para parnasianos sobre a finitude

no último instante olharei para antes
em temor desolado e arrependido
não importam os quadrantes que eu tenha vencido
o olhar será tíbio e hesitante
porque a vida é grande e o espíritoexíguo
para ser infeliz são inúmeras chances
como sombras constantes vão todas comigo
para além das astúcias dos necromantes

no último instante olharei pra adiante
como fitam o horizonte ao tombadilho
a saber que não chega a nau irisante
a saber que rumar nunca é preciso
seguirei para o fim nauseado e errante
bêbado de mim porque ali existo
à frente cambaleante de tudo o que fiz
ante o nada que hesita como bom estreante

no último instante só no último instante
sem o cair de panos reconfortantes
sentirei a dor de jamais ter sido
e de não mais ser pó aterrecido
dos últimos fios me farei amante
me consolarei ser breve o espargido
por cada segundo que restar detido
mas quantos instantes são o último instante

o taxidermista

procuro entre carcaças minha obra-prima
primeiro achando peles inda não rasgadas
cortando fino o ventre pela mediania
tirando toda víscera a ser descartada

primo pela fachada memorabilia
animais objetos sentimentos nada
cadáveres que restam na fisionomia
preenchidos de técnica algodão e palha

espantam-se os fregueses com a forma estática
afastando com asco o que realizei
como vissem a fera que lhes vive à caça

agora que respiram gentes empalhadas
inverte-se o ofício a que me dediquei
de corpos faço vida pra ornar a sala

fazendo drama

à espera de um deus
 ex
 máquina

[série totens]

        viver é adiar o silêncio
                por um tempo
até que o som
                eterno
de todos os futuros
            nos encubra
    ansiosos em calar o
infinito
            pela forma
enquanto o infinito é
           quem possui
as hordas
            de instantes
    o homem este
que às vezes à plena voz
não   sua
resta para além
   do corpo que res
soa
   persiste tão somente
na voz de outro
                morto
viver é adiar

                         o silêncio
pôr um tempo
      é da fonte é da capac
idade de tremer de d
ar sentido
              coerente ao ar
          rosto das ideias
que a toda manhã nos
lançamos
ao marulho silencioso qu
           antos ruídos gu
                      ardam
aqueles que guardam
        o s   r u
í d o s
o homem não quer
                       saber
   vive só
              grave
                          a
    diando seu silêncio

cabral nasceu esta noite
o mais árvore deles verso
s engalharados fruta de á
spera casca e sumo amargo
compreende aquele que faz
traço do engenho mestre d
a carpina mor lavrador da
pá larva inda na língua a

us

tera carpintaria faz da m
adeira sevilha do leme ca
pibaribe da gente flor pr
a sangria da pedra pedago
gia do cão ave ferida da r
há dessuicídio quando a co
rda rompida não suporta d
e tão fina compreende tod

a palavra é broto

entre o sonho   natural traçado
e ilógico
   o esponsonho
        e o que somos
não há intervalo espaço vão a
separar madeira de outra made
ira
   imaterial
   a quem impomos
linha   pela qual crescemos em
lástimas até   terminar não se
      ndo
o que não
   éramos

os bichos de duas patas são e
xtremamente infelizes

você salta
todos saltam
rijo e perpendicular seu
corpo corta
a água
basta entrar pra notar
ser raso
será logo
o fundo
um único amigo
misteriosamente
estaca
escapa à tragédia
mas é impossível subir sozinho pelas
pedras
você pensa
vai morrer afogado
antes de sentir
o chão
a dor
o dobrar
vértebra por vértebra

a vida
é isso

alimento

        pelos últimos meses
saudades de você
vai tenra calma
balbucia cheirando a molho de tomate
acho que papai
como cresce esse bicho
disse-me charles
jornalista primeiro estágio
de linfoma
que anda nos visitando

dar comida
é o extremo dos cuidados
ainda mais assim
com as mãos
in memoriam sigo
servindo iguarias
berros de rimas ao ponteiro surdo
secar do vidro cada metafísica
colar silêncios à funda
sobraçar
nós
cada vez
menos

os dedos desta pequena suja
põe-me a qualquer hora um laço na garganta
dos amores que falamos
resta um alívio magro e verde
feito planta
dos amores que somos
em carne branca
curvas imprevistas ganham peso afora
sei
quando me fita
que vai me comer por dentro

charles talvez tenha mandado um abraço
nunca compreendo bem aqueles gestos

pássaros

por anos a perder criamos nosso pássaro
primeiro acalentamos na placenta o ovo
depois pio a pio regemos seu escracho
pesamos em seu bico co'o que provamos bom
aí amaldiçoamos seu volear ágil
seus gritos inconstantes pelo indigno cisco
pagamos aviários a reavivar suas penas
fiamos no trabalho a lhe afinar o trino

por que os estorninhos batendo contra os vidros
por que tanto furor em conseguir caçá-los
são nossos os bebês são nossos passarinhos
cantamos afinados à frente da TV

por anos a perder criamos nosso pássaro
primeiro protegemos seu devaneio em linho
depois garra a garra louvamos quando atacam
pesamos sua crina co'o que fizemos bem
aí nos alarmamos com sua ofensa fácil
seus olhos retraídos sua recusa ao bando
culpamos aviários enfim nós os pagamos
choramos certas noites e nos empoleiramos

por que tantos pardais sofrendo contra o aço
por que lobos chacais sangrando-os tão pequenos
são nossos os filhotes são nossos os sanhaços
sentimos ponderados sorvendo nosso scotch

por anos a perder criamos nosso pássaro
primeiro adestramos sua parcela bicho
depois os norteamos a requerer espaço
sonhamos aprumados co'os fios de seus filhos
aí nos aturdimos quando nos piam b@sta
seus corpos desmedidos abarrotando o ninho
não leram tocqueville jamais lerão novalis
imberbes eles giram tremem o tronco arrulham
por que os passaredos queimando sob os gases
por que largos tropéis contra inimigos mínimos
são nossos os destinos são nossos filhotinhos
bradamos para dentro voamos pro trabalho

por anos a perder criamos nosso pássaro

muitas de minhas maiores habilidades

    como
    imitar um saxofone barítono
    enquanto faço
    com a mão
    uma planta carnívora
    abrindo na hora das notas
    fechando nos silêncios
    e entretendo
    bebês por muito tempo

não terão lugar na poesia

brinde

dequantascrianças
t i r a m o s a vida
pra ter p o e s i a
com física quântica

adornos finais

toda vez que uma agência
de publicidade
faz propaganda de si
um operário cai morto

encontrei três pontas na realidade
durmo com elas

o inferno
são os outros
não existem

nietzsche está morto
nietzsche está morto[1]

decifra-te
ou deve-me

s&f não leu r.r.schwarz

---

[1] deus repetia, bêbado, na cidade baixa, a vinte e cinco de agosto de mil e novecentos

fecharam as janelas de nossa casa
botaram água
reduziram o sol ao facho
de lama que entra pela fresta

dentro do espaço seguro
guardados pela tranca
amamos com um nó na madeira
da garganta
comemos sem estar com fome
a ração gorda
e nos reproduzimos
mesmo sabendo que as saídas
não mais seriam abertas

era isso
ou a infinita festa em que se transformaram
as ruas e as construções públicas
o gozo dos loucos

era isso
ou ter morrido em luta
— morrer é comum
como uma operação bancária

era isso
ou ser o único sóbrio
no carnaval de cartolas
ao fundo posso ouvir
tropicalismos

bastava dizer
que **queriam vender a cidade**
bastava dizer

eu te batizo distância
no que nos resta de voz
ventos que ainda alcançam
trêmulos a superfície
batizo-te antes de ir-me
para mais e mais além
da tábua pênsil dos olhos
do barco batizo o cais
nomeio-te para não mais
simples delineares
pelas miradas tormentas
pelas areias colares
de conchas pelas espumas
afrontas do rei netuno
que há muito nos insulou
pondo um fina camada
de nada entre nossas peles
distando todos os corpos
se nós nunca nos tocamos
por que chamamos de perto
por que chamamos de longe
eu te batizo distância

guardo para teus netos
e os netos de teus netos
algumas palavras fortes
brio transa caco exu
que protegem sua polpa
em cascas que não dissolvem
a quereres juvenis

guardo porque é preciso
proteger as negativas
mais incompreensíveis
termos que se escondem
estando lá e visíveis
termos que se esfacelam
como corpos arrastados

guardo aos que não foram
nem sequer imaginados
um outro modo da língua
um estalo do sensível
guardo uma perspectiva
diferente da que une
guardo uma dissonância
a suspensão do que afirmam

guardo aos monstros do abismo
a caravela-poema
as aves presas à vela
a rabugice maruja
se sobrar quando cairmos
na catarata das coisas
guardo o que numa tarde
rebatizamos de vida

a quem topar com nave
azul inóspita perdida
guardo o mais perto que houve
de uma tecnologia
se este não for o tanto
que esperavam na investida
guardo a teus netos apenas
esta livre melodia.

EDITORAMOINHOS.COM.BR

Este livro foi composto em tipologia Courier New, Meridien e Raleway no papel pólen soft para a Editora Moinhos, em agosto de 2017, enquanto Chico Buarque cantava *Tua Cantiga*.